Frauen im Winter

A/S
33

Frauen im Winter

Mit einem Text von

Christine Paxmann

THIELE VERLAG

Der erste Schneefall ist nicht
nur ein Ereignis, sondern ein
magisches Ereignis.
Man geht in einer Welt zu Bett
und wacht in einer ganz anderen auf,
und wenn das kein Zauber ist,
wo ist er dann zu finden?

JOHN B. PRIESTLEY

DER WINTER
IST KEINE
JAHRESZEIT,
ER IST
EIN FEST.

ANAMIKA MISHRA

Paul Fischer.

CHRISTINE PAXMANN

Frauen im Winter

Winter und Frauen – eigentlich ein Widerspruch, denn die meisten Frauen mögen es warm. Und so ist dieses Paradox eine wunderbare Einladung, um sich in extra weiche Socken, in ein Plaid und in einen kuscheligen Pullover zu schmiegen, oder um mit jedem dicken und dabei schicken Schal, den man um sich schlingt, ein modisches Statement zu setzen. Frauen und Winter – das ist eine Symphonie aus kostbarer Wolle, heißen Getränken mit exotischen Namen und der schneeflockenleichten Entschuldigung, man müsse sich jetzt mal all die ungelesenen Bücher vornehmen, die sich seit dem Sommer da stapeln. Sorry, keine Zeit für Outdoor-Aktivitäten, es ist ja auch viel zu kalt!

Winter und Frauen, das ist jene kleine Hymne an die frische Luft, die wie ein Booster auf die Haut wirkt, die Augen strahlend macht und die an den Haarspitzen lauter kleine Eiskristalle entstehen lässt. Quasi Glamour auf ganz natürliche Weise. Winter und Frauen

ist auch eine Challenge für alle Veranstaltungsmeisterinnen: jede Menge Feste, Geschenke, Charity und unvorhergesehene Minievents, die da gewuppt werden wollen und die bei aller Arbeit auch das richtige Maß an Social life in die kalte Jahreszeit bringen.

Winter und Frauen ist also eine Ansage: Coole Zeiten brauchen coole Auftritte mit Herzenswärme. Ja, wenn die Beleuchtung der Wahl flackernde Kerzen sind, wenn die Musik der kalten Zeit Schuberts *Winterreise* ist, wenn man sich in einem wunderbar gepolsterten Mantel den Herausforderungen der Welt, des Wetters und der Wunder stellen darf, dann ist es der Winter der Frauen – jene Jahreszeit,

die jede Frau zur Eisprinzessin kürt, deren aufmerksamer Blick unter der tief gezogenen Mütze so intensiv und belebend ist. Der Winter der Frauen ist eine festliche Bühne, die den Alltag ein ganz klein wenig strahlender und aus einer Jahreszeit der Ruhe einen Raum voller Möglichkeiten macht.

Der gnädige Winter

Es gibt sie, die Tage, meist im Vorfeld von winterlichen Festtagen. Die To-Do-Liste ist so lang und voller Unwägbarkeiten wie die legendäre Kandahar-Abfahrt in Garmisch. Die diversen Verwandten lassen sich nur schwer

unter einen Hut bringen. Die Kinder haben Wünsche, die kaum zu erfüllen sind, und das eigene Ich meldet unmissverständlich: Ich kann nicht mehr. In allen Zimmern habe ich schon seit Stunden die Vorhänge zugezogen, es kommt ja ab vier Uhr nachmittags sowieso kein Licht mehr herein. Jetzt sitze ich auf dem Sofa und stricke lustlos einen Schal, den niemand tragen wird. Auch mit den Plätzchen, die ich heute nach der Arbeit noch gebacken habe, war ich schon mal zufriedener. Mein Hund schnuppert unruhig. Ach nö, jetzt noch Gassi? Ich wickle mich in den Schal, ziehe den biwakartigen Daunenmantel an, den man jetzt einfach trägt, so wie die wollene Mütze und die

Monsterboots, und bin ungeduldig mit dem Vierbeiner, der vorfreudig zur Tür strebt. Die vergangenen Tage herrschte trübes Wetter, und man jagte buchstäblich keinen Hund vor die Tür. Ich schleppe mich das Treppenhaus hinunter, der Gemütlichkeit des Sofas noch nachspürend. Der Hund zwängt sich durch den schmalen Spalt der Haustür, und jetzt sehe ich es: Die Welt ist in den letzten Stunden unter einem Zuckerberg verschwunden. Glatt gepuderte Gehwege, mollige Häubchen auf Laternen und Bänken, die Litfasssäulen tragen weiße Kappen und von den Ampeln wachsen die Eiszapfen wie kleine Schniefnasen. Während ich mein Grummeln gepflegt habe, haben Petrus, Frau

Holle, eine arktische Meeresströmung oder ein Märchenwesen die Welt mit einer reinweißen Verpackung beschenkt.

Alles, was das Auge stört, ist verschwunden, selbst die schlimmste Schmuddelecke kommt mir mit der Haube aus Schnee vor wie ein gestyltes Ensemble, das vor Reinheit strahlt. Frischer Schnee ist nicht nur ein begnadeter Kosmetiker, er macht auch, dass alles eine Spur langsamer wird. Kein Auto rast. Hupen verhallt in dämpfendem Weiß. Stimmen haben's schwer, gegen die Pawlowa aus Eis anzukommen. Ich stehe mitten auf der Straße, die noch keine einzige Spur trägt, lege den Kopf in den Nacken und fange Schneeflocken mit

dem Mund auf. Kindisch schön, einfach und das reine Glück. Das weiße Flockenbad ist ein Vademecum gegen Stress. Nichts scheint mehr unlösbar. Gnädige Eiszeit, die wärmt.

Der kalte Winter

Frage eine Frau nach ihrem verlässlichsten Winter-Begleiter. Sie wird nicht sagen: mein Mann, mein Hund, meine Scheckkarte, nein, sie wird, ohne zu zögern, zugeben: meine Wärmflasche. Die klassische Frage nach den drei Dingen, die auf eine Insel mitgenommen würden, käme um die Antwort »Wärmflasche« nicht herum.

Frau und Wärmflasche sind ein Paar wie aus einem Shakespeare-Drama. Ob Schmerzen im Bäuchlein oder Wehnisse im Herzen, der beste Therapeut ist aus hitzebeständigem Gummi, verströmt den Geruch eines Kolonialwarengeschäfts und ist je nach individueller Vorliebe seiner Besitzerin vollschlank, pummelig oder bis zum Bersten gefüllt. Man hat schon Wärmflaschen platzen sehen.

Man hat aber auch schon Frauen reisen sehen, mit ganzen Sortimenten an Wärmflaschen. Egal, ob das Ziel der Fahrt die Tropen oder Feuerland waren. Wärmflaschen entziehen sich dem gefühlten und gemessenen Wetter. Sie sind die Klimaanlage für den Gefühlshaushalt, und der ist ja bekanntlich mit physikalischen Mitteln nicht zu messen. Mit dieser rein esoterischen Herangehensweise würden wir der Wärmflasche allerdings unrecht tun.

Es gibt eine Berufsgruppe, die ohne Wärmflasche unproduktiv bis zur Erstarrung wäre: Schriftstellerinnen. Was die männlichen Kollegen in Fällen von Fußfrost tun, wissen wir nicht. Schriftstellerinnen jedenfalls wärmen sich sowohl mit dem Laptop auf dem Bauch wie auch mit der Wärmflasche zu Füßen, gerne unterstützt durch einen Hund oder eine Katze, die der Wärmflasche sandwichartig zuarbeiten. Das ist belegt und in sozialen Netzwerken und diversen Autorinnenblogs

nachzulesen. Die Fangemeinde der Wärmflasche ist weltweit, gäbe es eine Fanseite für die Wärmflasche, sie würde die Millionen-Schallmauer schneller knacken als ein Taylor-Swift-Song. Fast nicht zu glauben, dass eines der wichtigsten Utensilien der kreativen Neuzeit literarisch so vernachlässigt wurde. Es lebe die Wärmflasche.

Der eisige Winter

Eislaufen ist ein Kindheitssport. Auch wenn zugefrorene Seen nur noch selten sind, hat in unsrer Erinnerung ein Nachmittag auf dem Eis, begleitet von einem Picknickkorb, auf der Nostalgieskala 100 Punkte. Wir spüren instinktiv den Fahrtwind, haben den Geschmack von Lebkuchen auf der Zunge, die es zum viel zu heißen Tee aus der Thermoskanne gab. Anschließend haben wir Schneebälle geleckt, um die verbrannten Zungen zu kühlen. Wir haben ganze Fußballfelder spiegelblank gekehrt, um darauf mit den Kufen geheimnisvolle Linien zu ziehen. Eine Geheimschrift, die im Laufe eines nur kurzen Nachmittags entstand – einmal, weil es schnell dunkel wurde, aber vielmehr, weil die Lederschlittschuhe bitterkalt waren und unsere Zehen schon nach einer Stunde nichts mehr fühlten. Von den Händen in nassen Handschuhen ganz zu schweigen.

Doch solcherart ungemütliche Erinnerungen verblassen neben dem Eisfeeling, dem schon Goethe erlegen war und ihm sein Gedicht *Die Eisbahn* widmete. Historische Darstellungen zeigen ein lauschiges Bild, wenn Frauen in langen Mänteln und mit Muff bewehrt elegante Kreise ziehen.

Vielleicht denken wir auch an ein Skifahren, das noch unter anderen Vorzeichen stattfand? Weniger sportlich, weniger Zirkus der Lifte als vielmehr Zirkus der Begegnungen, auf kleinen Almen, beim übersichtlichen Après-Ski und beim ruckeligen Schleppliftfahren, wo es doch darauf ankam, auch als völlig fremdes Paar gut miteinander zu funktionieren.

Aber als stärkstes Winterbild taugen sicherlich Schlittenfahrten. Jede auch nur etwas schiefe Ebene, ob auf dem Land oder in der Stadt, kann bei günstiger Wetterlage zur »Aus-der-Bahn-Kartoffelschmarrn«-Rampe werden. Dieses schnelle Glück kennt kein Alter. Eingemummelt rodeln hier Omas mit Enkeln und Väter mit Halbwüchsigen, einzeln oder gestapelt, auf Kufen und Bahnen, die sie nur bedingt steuern können. Dazwischen gibt's Kakao aus Bechern, die tropfen. Vielleicht ist es dieses Loslassen, das uns den besonderen Kick gibt? Vielleicht ist es das nostalgische Gerät? Auch wenn moderne Schlitten die Silhouette eines Ferrari haben,

ist der gute alte Holzschlitten mit dem geflochtenen Sitzrücken immer noch das sympathische Sportgerät der Wahl, das jeder Zeitrechnung trotzt und uns gefühlt mit all unseren Vorfahren verbindet, die so ähnliche Winterfreuden genossen haben.

Wer nach einem Schlittentag nach Hause kehrt, die patschnassen Kleider über Heizungen hängt, wo sie eine Duftmischung aus Wollfett, Kakao und Metall verströmen, der wird diesen Geruch konservieren und verknüpfen, bis man die eigenen Enkel rotgesichtig einen Hang hinabschickt. Ein Glück, das abrufbar ist, sobald es die Witterung zulässt.

Axel E

Der sportliche Winter

Über Nacht hat sich der Winter zurückgemeldet. Mit einer klaren Botschaft: *Noli me tangere*. Berühre mich nicht, denn ich bin perfekt! Aus den Wiesen ist eine gleißend glänzende weiße Fläche ohne jeden Einschnitt, ohne jede Macke, ohne irgendwelche dunklen Flecken geworden. Eine Reinheit, eine Schönheit, wie wenn Riesen ihre Bettlaken gebügelt und anschließend Glitzerstaub drübergestreut hätten. Ich muss die Hand über die Augen legen, denn die Perfektion blendet. Aus dem milchblauen Himmel schiebt sich eine verwaschene Sonne, die schon zart an der eisigen

Oberfläche leckt. Wenn ich es nicht tue, tut es die Sonne. Das sind die Gedanken, die ich mir als achtsame Wintersportlerin stelle. Eine, die schon lange nicht mehr alpine Abhänge hinuntersaust, weil zu wenig Schnee und zu viele Schneekanonen das Vergnügen schmälern. Eine, die was mit Slowmove anfangen kann und mit Winterwandern, mit Eislaufen auf zugefrorenen Seen und Schlittenfahrten auf Wegen durch Wälder, mal mehr, mal weniger sportlich, aber immer beglückt von der Luft, die im Winter ganz anders in die Lungen fließt. Kalt, klar und köstlich.

Und dann ist da noch die Königin des Wintersports, das Langlaufen. Vielleicht nicht die Form, mit der man athletisch, fast schon biathletisch von Loipenpunkt zu Loipenpunkt jagt, um Kilometer, Höhen und Tiefen und vor allem Geschwindigkeit im Skatingschritt zu machen. Nein, es ist das Herumstreifen auf schmalen Wegen, manchmal sogar ungespurten, das Finden von einsamen Strecken, von Aussichten und Einsichten, denn Langlaufen ist Meditation. Wenn es läuft. Also wenn man nicht mit Keuchen und Schwitzen beschäftigt ist oder sich gar das Material gegen einen wendet und Eisklumpen am Skibelag jede Bewegung abbremsen.

Ein wenig Kondition ist also nicht schlecht, wenn man in den Flow kommen will. Ein Flow,

PAUL
FISCHER

der zu der Unberührtheit der Schneeoberfläche passt – und man hinter sich nur ein schmales Band der eigenen Spur sieht. Ein ganz kleiner Abdruck in einer großen Landschaft.

Der dekorative Winter

Ich sehe den Schneewehen beim Wachsen zu. Ganz gemütlich von der Fensterbank aus, auf die ich Windlichter gestellt habe und irgendein Arrangement aus Moos, Zweigen und Tannenzapfen. Fundstücke des morgendlichen Spaziergangs mit dem Hund, als der Schnee noch nicht alles zugedeckt hatte. Jetzt zaubert ein kleiner Wintereinbruch nicht nur watteweiche Polster vor meine Fenster, sondern auch Eiszapfen an die Dächer und Blumen aus Eis ans Glas. Im flackernden Schein der Kerzen wird aus dieser Naturdekoration ein ständig wechselndes Farbenspiel. Ein Lightning wie bei einer gut austarierten Lichtershow.

Die Minuten vergehen im Schneeflockentakt und ich perfektioniere das Schauspiel mit den dahingleitenden *Gymnopédies* von Eric Satie, nicht mit dem *Winter* aus den *Vier Jahreszeiten* von Antonio Vivaldi, der immer an einen gewaltigen Blizzard erinnert. Hier ist nichts schnell, nichts laut. Ganz im Gegenteil – im vielen Weiß versinken die Geräusche. Nur manchmal zischt das Wachs in den

Kerzen und das Klavier setzt ein, wenn ein besonders dicker Wirbel an Flocken Pirouetten dreht. Außenbeleuchtung und Lichtergirlanden? Ach nein, die Deko kommt pur aus der Natur selbst und musikalisch ein ganz klein wenig aus der Steckdose.

Der feierliche Winter

Man kann die Vorweihnachtszeit ignorieren, kann die vielen Lieder und Laute, den Rummel auf Weihnachtsmärkten umgehen, kann sich dem Geschenkstress auch nicht hingeben und die Feiertage ausblenden, indem man einfach weitermacht, wie im Rest des Jahres. Aber ist nicht genau dieses Beiseitetreten, dieses Anhalten, ja, und manchmal auch Hetzen (es fehlt ja immer irgendwas noch, um die Festtage zu perfektionieren) – ist nicht genau dieses Unterbrechen der Routine eine Art heilsame Kur für die Seele?

Erst weiß man gar nicht, wie man das alles schaffen soll – Einkäufe, Rezepte ausprobieren, Geschenke selbst machen, Einladungen verschicken, das Schmücken der Wohnung und schließlich sämtliche Befindlichkeiten der Lieben unter einen Hut bringen? Und dann, an den Tagen der Feier, trägt das alles Früchte. Auch wenn der Braten ein wenig krosser geraten ist und man nur die Hälfte davon isst,

weil der nächste Gang wartet. Wenn dann ein geschmückter Baum Staunen auslöst, selbst bei den Familienmitgliedern, die schon achtzig Mal Weihnachten gefeiert haben. Wenn Kinderneugierde sich mit Liederroutine mischen, wenn der eine Onkel – genau der – wie all die letzten Jahre wieder mit der schlimmsten Strickjacke kommt. Wenn man sich eine vorwitzige Strähne aus dem Gesicht wischt und dabei unauffällig eine Träne mit dazu. Ist das nicht ein Wunder, wenn sich das feierliche Gefühl einen Weg bahnt und plötzlich alles ganz leicht scheint? Wie das Eisbad nach der Sauna, das dem Körper einen Push gibt und Kräfte für neue Aufgaben.

Der modische Winter

Irgendwann im Winter sehen wir alle gleich aus: Mäntel aus Daune bis zum Boden, zweifacher Randumschlag bei den Mützen, Schuhe mit Sohlen wie Pistenraupen und Handschuhe nicht vergessen. Es ist eine Art Winterverpackung, in die wir uns einmummeln. Ein kleines Ruhepolster, das wir mit uns herumtragen, ganz egal, ob wir im Wald unterwegs sind oder im urbanen Gedränge, wo der Schnee nur kurz weiß bleibt und dann *fifty shades of grey* den Winterton angeben. In diese Grisaille geben wir farbige Impulse mit leuchtenden Schals und Kopfbedeckungen, manche

Männer tragen Modelle wie der Doktor und das liebe Vieh, aus karierter Schottenwolle und stark vintage. Manche Kinder lieben den Schlupf, der nur die Augen frei gibt. Wie gut kann man sich daran erinnern? Dampfender Atem, der aus der Wolle über kurz oder lang einen kleinen Eisschild macht. Im Winter wird man, modisch gesehen, wieder zum Kind. Wärme, Wolle und Weihnachten gehören zusammen.

Der verführerische Winter

Haben Sie schon mal im Winter geflirtet? Natürlich haben Sie das. Beim Après-Ski, auf dem Weihnachtsmarkt nach einem

Glühwein, der einen Tacken kräftiger ausfiel. In einem Geschäft, wo man ganz besonders herzlich bedient wurde. In der Schlange vor der Post, als man sich mit dem Hintermann oder der Vorderfrau ganz besonders innig unterhalten hat. Auf einem Friedhof, ja, auch dort, weil diese öffentlichen Gärten im Winter Rückzugsorte sein können. Mit all ihren Lichtern, Tannenzweigen und Andenken an die Lieben. Ein Friedhof macht innerlich weich und öffnet das Herz. Auf manchen Friedhöfen spielt am Nachmittag des 24. Dezember immer ein kleines Bläser-Ensemble. Einfache und bekannte Weihnachtslieder, die Menschen stehen im Kreis, einander Fremde,

und dann reichen sich am Ende alle die Hand. Und manchmal sind die Blicke so intensiv, als würde man sich ewig kennen. Es ist eben ein Ort der Ewigkeit. So wie die Liebe das Gefühl der Ewigkeit ist.

Und der Winter? Er vereint alles – das Fest der Liebe, die Stille, die Musik und das Füreinander da sein. Dann werden wir anfällig für Romantik. Pferdeschlitten, Glockenklingeln, das Glitzern von Wunderkerzen, vom Weihnachtsgebäck ganz zu schweigen. Hier werden wir weich wie die Butter in den Vanillekipferl, werden sentimental und lassen uns gerne verführen von Kerzen, Schnee und dem Duft von Bratäpfeln. Es ist gar nicht schwer, eine sinnliche Atmosphäre herzustellen. Und wir lassen uns vom Winter und seinen Begleitern gerne verführen, zuverlässig, jedes Jahr.

Der tierische Winter

Mein Hund liebt den Schnee, dann wird dieses weise, alte Tier wieder jung, tollt herum und vergräbt seine Schnauze tief im Weiß. Wenn er mich dann wedelnd ansieht, ein Schneehäufchen auf der Nase, dicke Eisbommel am Fell, dann weiß ich, dass es ihm gut geht, auch wenn er, sobald er zuhause ist, erschöpft in sein Körbchen fällt.

Früher wäre er der Hasenspur im Schnee gefolgt. Heute schaue ich mir dieses Pfotenband an und staune über die geschlagenen Haken – wie vom Designer in die Schneedecke gezogen. Oder die kleinen Sternchen der Vogelfüße, die rund um die Futterstelle ein nervöses Muster ergeben, durchsetzt mit Sonnenblumenkernen, die beim Vogelfasching eben anfallen. Auf manchen Koppeln stehen Kaltblüter, auch im Winter, majestätisch mit ihrem wuchtigen Beinbehang und den blonden oder tiefschwarzen Mähnen, Dampf vor den Nüstern, wie Wächter über den Winter, die blasse Erde und die schnell hereinbrechende Nacht.

Selbst in der Stadt wird die Natur ganz nah. Dann stehen nachts plötzlich Füchse am Straßenrand. Und die nimmermüden Krähen balgen sich in den Parkanlagen um essbare Reste. Rund um die Papierkörbe sieht es dann aus wie nach einer wilden Party, bis der nächste Schneefall alles wieder in Ordnung bringt.

Der verspielte Winter

Man hat schon erwachsene Männer beim stundenlangen Schneemannbauen beobachten können. Oder Omas bei der Schneeballschlacht. Oder Paare, die sich, einfach, weil der Schnee heute so schön »bickt«,

eine Eisbar aus Schneeziegeln in den Garten gebaut haben. Dann werden da Windlichter drauf montiert. In Eis gefrorene Tannenzapfen und rote Beeren bilden die Deko. Knalloranger Kinderpunsch wärmt schon beim Hingucken, und Schwedenfeuer machen das, was jedes Lagerfeuer zuverlässig schafft: eine Megastimmung, in der man sich automatisch wie ein Kind fühlt. Der Winter kann uns ein lieber, verspielter Freund sein, voller Mikroabenteuer und Albernheiten: Den Schneeengel machen im Pulverweiß eines Wintermorgens. Ein Schnee-Reh modellieren oder Garten und Balkon mit Tannenzweigen ausgestalten, als ob der Wald zu Besuch kommt.

E. J. Gregory

Ich kann mich an einen Winter erinnern, als es nur recht sparsam schneite und sich die zuverlässigen Glücksmomente aus leuchtendem, pudrigem Weiß und Nächten, in denen es deswegen nicht dunkel wurde, nicht so recht einstellen wollten. Doch auch dann hat der Winter sympathische Tricks auf Lager: Leuchtende Hagebutten im sonst grauen Gebüsch. Spiegelnde, klingende Eisflächen. Und filigrane Silhouetten von Baumästen, die wie ein Scherenschnitt im Nachthimmel stehen und Geschichten zu erzählen scheinen. Im Winter werden wir zu Kindern, die seinen Geschichten lauschen.

Der geheimnisvolle Winter

Wenn der Mond über eine Winterlandschaft scheint, ist das ein Schauspiel, in dem alle Beteiligten dramatisch agieren. Berge werden zu Gestalten in Umhängen, Bäume erinnern an Gerippe. Gewässer legen sich ein silbriges Gesicht zu und scheinen alle Lebewesen auf die Eisfläche zu locken. Nicht von Ungefähr glaubt man in winterreichen Gegenden wie Island und Skandinavien an Fabelwesen, wie die kalte Morra. Der Winter kann gespenstisch sein oder eben auch geheimnisvoll. Immer ein wenig Caspar-David-Friedrich-like, mit Nebelschwaden

und dem Hauch einer anderen Welt, weshalb man in den so archaisch klingenden Raunächten eben auch das Haus räuchert – hinaus, hinaus mit den bösen Geistern!

Grundsätzlich ist es keine schlechte Idee, im Winter Würziges in der Wohnung zu haben – wie Nelkenbällchen, Mandarinen, Orangen und Tannenzweige. Zum einen verbessern sie die geheizte Luft, zum anderen erfüllen uns Düfte mit Erinnerungen und Sehnsüchten. Nach fernen Ländern, nach Situationen oder eben einfach nach dem Gefühl von Winter, der all unsere Sinne berührt und Wünsche freisetzt.

Frost

Vom Meer heran braust schwirrend
ein schneidender Nordnordost,
durch öde Straßen klirrend
schreitet der scharfe Frost.

Im Schnee verloren die Pfade
und Tür und Tor verweht -
nur dass der Stern der Gnade
noch leuchtend am Himmel steht!

CLARA MÜLLER-JAHNKE

Im Schnee

Schneegeriesel. Flocken über Flocken.
In der weichen Luft zerfließt der Schaum,
Und kein Windhauch weht die Erde trocken.
Aber, wenn im Frost erstarrt der Flaum,
Reift er schnell zu glitzernden Kristallen
Und blinkt dann am Boden und am Baum.
Nasser Schnee ist auf mein Haar gefallen.

JOACHIM RINGELNATZ

DER WINTER
IST EINE ZEIT
DER ERHOLUNG
UND DER
VORBEREITUNG.

EDNA FERBER

ES GIBT KEINEN
WINTER OHNE SCHNEE,
KEINEN FRÜHLING
OHNE SONNENSCHEIN
UND KEIN GLÜCK
OHNE FREUNDE.

AUS KOREA

GLATTES EIS,
EIN PARADIES
FÜR DEN,
DER GUT ZU
TANZEN WEISS.

FRIEDRICH NIETZSCHE

John Sloan

KEIN WINTER
WÄHRT EWIG;
KEIN FRÜHLING
BLEIBT AUS.

HAL BORLAND

PAUL
FISCHER
·1907·

BILDNACHWEIS

Seite 2/3 Kent Rockwell (1882-1971): Spaziergang im Schnee, 1909. Seite 4/5 Paul Gustav Fischer (1860-1934): Wintertag auf der Østerbrogade, 1918. Seite 6/7 Laurits Andersen Ring (1854-1933): Der Winterspaziergang, 1885. Seite 8 Plakat: Château d'Oex. Seite 10 Frederick Childe Hassam (1859-1935): Früher Abend nach dem Schneefall. Seite 13 Alphonse Mucha (1860-1939): Winter, 1897. Seite 14/15 Paul Gustav Fischer (1860-1934): Ein Wintertag auf Kongens Nytorv, 1888. Seite 16 George Henry Boughton (1833-1905): Die Schlittschuhläuferin. Seite 19 Franz Skarbina (1849-1910): Dame mit Muff, um 1886. Seite 21 George Henry Boughton (1833-1905): Frau in winterlicher Kleidung. Seite 22/23 Wladislaw Jarocki (1879-1965): Portrait einer Frau in traditioneller Kleidung, 1937. Seite 25 Edward Cucuel (1875-1954): Junge Frau im Pelzmantel. Seite 26 Philip Richard Morris (1833-1902): Ein Winterspaziergang. Seite 29 Giuseppe De Nittis (1846-1884): Auf verschneitem Weg, 1875. Seite 31 George Henry Boughton (1833-1905): Priscilla, 1879. Seite 32 Unbekannter Künstler: Frau im Schnee. Seite 34/35 Paul Gustav Fischer (1860-

1934): Wintertag auf Bredgade und Kongens Nytorv in Kopenhagen. Seite 36 Alphonse Mucha (1860-1939): Winter. Seite 39 Sir George Clausen (1852-1944): Der Morgenspaziergang. Seite 40 Oleksandr Muraschko (1875-1919): Beim Schlittschuhlaufen. Seite 42 Unbekannter Künstler: Eislaufpaar. Seite 44/45 Paul Gustav Fischer (1860-1934): Beim Eislaufen, 1890. Seite 47 Plakat: Davos. Seite 48 Unbekannter Künstler: Tobogganing. Seite 50 William James Glackens (1870-1938): Central Park im Winter, 1905. Seite 53 Alfred Sisley (1839-1899): Winter auf Montmartre, 1894. Seite 54 Axel Hjlamar Ender (1853-1920): Mädchen auf Skiern. Seite 56/57 Carlo Pellegrini (1866-1937): Vor der Abfahrt. Seite 58 Carl Larsson (1853-1919): Mädchen auf Skiern. Seite 61 Paul Gustav Fischer (1860-1934): Mädchen auf Skiern. Seite 62 George Barbier (1882-1932): Der Winter. Seite 65 Unbekannter Künstler: Weihnachtsmorgen, 1899. Seite 66 Paul Gustav Fischer (1860-1934): Nach der Vorstellung vor dem Königlichen Theater in Kopenhagen, 1909. Seite 69 Frederick Childe Hassam (1859-1935): Schneefegende Frau, 1890. Seite 71 Eugène Grasset (1845-1917): Allegorie des Monats Dezember. Seite 73 Jean Béraud (1849-1935): Pariserin auf der Place de la Concorde, 1890. Seite 75 Plakat: Wengen. Seite 76 George Henry Boughton (1833-1905): Puritanisches Mädchen. Seite 78 George Henry Boughton (1833-1905): Rückkehr von der Messe, Bretagne, um 1855. Seite 81 Paul Gustav Fischer (1860-1934): Fußgänger vor dem Niels Juel-Denkmal in Kopenhagen. Seite 82 Joseph Lagasse (1878-1962): Frau im Schnee. Seite 85 Unbekannter Künstler: Der Winterspaziergang. Seite 86/87 George Bellows (1882-1925): Winterfreuden, 1914. Seite 89 Edward John Gregory (1850-1909): Die Schlittschuhläufer. Seite 91 Louis Abel-Truchet (1857-1918): Auf den Boulevards, 1895. Seite 93 Émile Eisman-Semenowsky (1859-1911): Winter. Seite 95 Isaac Israels (1865-1934): Zwei junge Frauen im Schnee, um 1890. Seite 96 Frederick Childe Hassam (1859-1935): Straße in New York, 1901. Seite 98/99 Giuseppe De Nittis (1846-1884): So kalt!, 1874. Seite 100 Nikolai Malitschew (*1851): Frau im Schneegestöber. Seite 102/103 Unbekannter Künstler: Frau auf verschneiter Dorfstraße. Seite 105 Nikolai Petrowitsch Bogdanow-Belsky (1868-1945): Portrait der Ballerina Ludmilla Mesaksudi Barash, 1918. Seite 106/107 George Bellows (1882-1925): Schnee zu Ostern. Seite 108 Plakat: Après Ski. Seite

110/111 Edvard Munch (1863-1944): Allee im Schneegestöber. Seite 112/113 Alfred Sisley (1839-1899): Schnee auf Montmartre. Seite 115 Ludovico Marchetti (1853-1909): Dame auf Schlittschuhen. Seite 116/117 John French Sloan (1871-1951): Winter in New York. Seite 119 Frederick Childe Hassam (1859-1935): Der verschneite Winter, 1918. Seite 120/121 Paul Gustav Fischer (1860-1934): Wintertag auf Kongens Nytorv, 1907. Seite 122/123 Édouard Cortes (1882-1969): Die Grands Boulevards Porte und Port Denis Martin.

ISBN 978-3-85179-533-2

Text von Christine Paxmann
Bildauswahl von Johannes Thiele
Gestaltung und Satz von Christina Krutz
Coverbild von Stephanie Paula
Druck von Longo, Bozen

www.thiele-verlag.com